W0222260

LES FEMMES

INTRODUCTION DE JOAN DIDION

par MAPPLETHORPE

NATHAN IMAGE

Une ANNOTATION
de JOAN DIDION

1. VOICI quelques années, j'occupais un emploi à *Vogue* qui m'ouvrait les portes des studios et me permettait d'observer les femmes tandis qu'on les photographiait. Il ne s'agissait pas de photos de mode mais de reportages pour les pages centrales de *Vogue,* de portraits de femmes, célèbres à divers titres, connues (le plus souvent) pour un récent premier rôle à l'écran ou à la scène, connues (c'était plus rare) pour avoir découvert un vaccin, connues encore (et cela plus fréquemment que nous ne le prétendions) pour la simple raison qu'elles étaient connues. « N'importe quoi, pourvu que vous vous sentiez à l'aise », avions-nous ordre de répondre si d'aventure la femme, sujet de la photo, demandait ce qu'elle devait porter pour la séance. « Nous voulons seulement que vous soyez vous-même. » En d'autres termes, nous acceptions sans condition la traditionnelle convention du portrait, qui veut qu'au cours de la transaction entre artiste et sujet, la « vérité » de ce dernier se dévoile nécessairement à un moment donné, que le photographe parvienne à pénétrer et à fixer quelque « essence », quelque secret intime ou quelque trait psychologique invisible à l'œil nu.

En réalité, c'est une transaction inverse qui s'opérait lors de ces séances, comme à toute séance de portrait : il était entendu que la réussite tenait à l'application – évidemment tacite – mise par le sujet non pas à être « soi-même », mais à être à la fois ce (l'objet) et celle (le sujet) que le photographe souhaitait voir à travers l'objectif. De ces longues journées passées en studio (que celui-ci se trouvât au centre de New York ou à la périphérie, qu'il appartînt à Irving Penn, à Bert Stern, à Duane Michals ou à l'un des quelque douze photographes chargés des reportages de *Vogue,* le studio était « le studio », espace de travail générique, réflexe syntaxique, survivance d'un temps ou tous les photographes sous contrat travaillaient dans le studio du magazine), je garde surtout le souvenir des astuces, des improvisations, des efforts qu'il fallait déployer pour s'assurer que le photographe voyait ce qu'il voulait voir. Je me souviens d'une séance où l'on avait recouvert l'objectif de mousseline noire. Je me souviens d'une autre où, après examen des clichés Polaroïd, le « n'importe quoi » dans lequel le sujet croyait être à son aise avait été jugé inadéquat, et où il me fallut prêter ma propre robe et continuer la séance drapée dans mon imperméable. J'en tirais une première leçon : pour chacune de ces photos, il y avait un « sujet » – la femme présente dans le studio – et aussi un objet, qui ne coïncidait pas nécessairement avec le premier.

2. La question du sujet et de l'objet est particulièrement délicate. Qu'il s'agisse de peintres, de photographes, de compositeurs, de chorégraphes ou encore d'écrivains, ceux dont le travail consiste à créer quelque chose à partir de rien n'aiment pas beaucoup parler de ce qu'ils font ni de leur manière de procéder. Certes, ils s'expriment volontiers sur les aspects techniques de leur travail – l'éclairage et les filtres s'ils sont photographes ; les voix, le ton, le rythme du récit s'ils sont écrivains – mais jamais il ne parlent du contenu. La tentative d'autoanalyse d'une œuvre – ce qui revient à en élucider l'objet – est perçue par l'auteur comme destructrice. La superstition prédomine avec la crainte que ce quelque chose de fragile et d'inachevé ne se brise, ne s'évanouisse, ne retourne au néant dont il est issu. Jean Cocteau a décrit ce type de travail comme procédant d'une profonde indolence, d'une somnolence dans laquelle nous nous plongeons tels des malades cherchant à prolonger le rêve ; dans les rêves, nous n'analysons pas l'action, sinon celle-ci s'évanouit. Gabriel García Márquez déclara un jour au *New York Times* qu'il aurait « la poisse » s'il discutait du roman auquel il

travaillait ; il entendait par là que le roman s'évaporerait, perdrait tout pouvoir sur son imagination. Il m'est arrivé une fois de me dire que je « tenais » un roman : celui-ci m'était apparu comme l'image d'une flaque d'huile à la surface irisée ; durant les quelques années qu'il me fallut pour achever ce roman, je n'ai mentionné la flaque d'huile à qui que ce soit, de peur que le charme puissant qu'exerçait sur moi cette image ne s'estompe, ne perde de sa force, ne se dissipe comme un rêve que l'on raconte au petit déjeuner. « Si vous parlez trop, vous perdez quelque chose du mystère », déclarait Robert Mapplethorpe à un journaliste de la BBC qui voulait le faire parler de son œuvre. « Il faut être capable de saisir la magie du moment. C'est ça qui déclenche la photo. Vous ne comprenez pas pourquoi ça se produit, mais c'est ainsi. »

3. Question : Si les sujets de Robert Mapplethorpe sont des femmes, quel est donc son objet ?
Réponse : Son objet est le même que lorsque ses sujets étaient des hommes vêtus de cuir, des fleurs, ou la *mer de Corail* et son horizon bas. *Vous ne comprenez pas pourquoi ça se produit, mais c'est ainsi.* « Petit garçon, j'étais catholique, déclarait-il encore à la BBC. J'allais à l'église chaque dimanche. La façon dont j'ordonne les choses est très catholique. Toutes mes compositions sont ainsi. Très symétriques. »

4. Les quelque soixante femmes qui apparaissent dans cet ouvrage sont pour la plupart connues – personnalités en renom, figures de la mode ou de la réussite. Ce sont des mannequins ou des actrices. Ce sont des chanteuses, des danseuses, des chorégraphes ; ce sont des artistes ou des marchands d'art. De New York pour la plupart, elles en possèdent le chic particulier. Selon les critères conventionnels, elles sont pour la plupart « jolies », « belles » même, ou bien rendues telles, non seulement grâce aux artifices de l'éclairage et du maquillage mais aussi parce qu'elles savent poser devant un appareil photographique : ce sont des professionnelles, elles jouent devant l'objectif. Ces femmes savent comment évoluer dans le monde. Il y a des femmes qui en savent beaucoup, et ce qu'elles savent, à l'évidence, n'invite pas aux certitudes. Ici, certaines posent les yeux clos, comme dans une extase charnelle ou une pâmoison victorienne. D'autres affrontent l'appareil photographique de manière si directe qu'elles en paraissent frappées de folie passagère ; elles pourraient bien être les créatures d'un monde où la survie dépend de ses capacités à séduire, à envoûter, à conspirer ou à trahir. Dans ces photos, quelque chose nous dit : *Chante pour ton dîner et gagne ton déjeuner.*

Les oiseaux chanteurs ne manquent jamais de pain. L'idée n'est pas « moderne », pas plus que l'image des femmes qui se livrent dans ces pages. On trouve ici les représentations familières et dix-neuvième siècle de la domination et de la soumission, l'érotisme douloureux des entraves, du cuir et des chaussures aux talons si hauts qu'ils obligent le pied à se cambrer exagérément. On voit des vierges condamnées, les yeux baissés, les mains jointes, avec des prémonitions de mort, la peau marmoréenne et le visage semblable à un masque, avec cet éclat surnaturel, cette phosphorescence que l'on attribue parfois aux anges – et à la chair en décomposition.

Ici, l'idéalisation n'appartient jamais au présent. Les photographies de Mapplethorpe, normalement destinées à faire vendre des maillots de bain, évoquent non l'athlétisme associé à un présent idéalisé, non la liberté de mouvement, mais la soumission, la fessée, les fantasmes sexuels de l'Angleterre dominatrice. Le visage familier de Grace Jones, photographié par Mapplethorpe, plutôt que cet avenir androgyne dont il est devenu le symbole, rappelle davantage la passion du dix-neuvième siècle pour l'exotisme, l'engouement romanesque pour l'Afrique ou l'Égypte. Une photo de mode de Mapplethorpe pour *Interview* – Thomas, noir et nu dansant avec Dovanna, d'une blancheur spectrale – évoque le ballet classique, un pas de deux où le traître courtiserait sa victime, la première ballerine de la danse des ombres revenue d'entre les morts.

Dans les photographies de Mapplethorpe, les fillettes elles-mêmes sont victoriennes. Ce ne sont pas des enfants au sens moderne du terme, mais des êtres sensibles, des créatures à barettes et lapins en peluche, que la responsabilité accable cependant ; de petites adultes qui nous considèrent avec une parfaite lucidité, sûres de ce qu'elles savent et ignorant ce qu'elles ne savent pas encore. Curieusement, parmi toutes ces femmes, seule Yoko Ono semble « moderne », s'assumant complètement, acceptant les exigences de la sexualité et de la célébrité pour nous apparaître sous les traits d'une rescapée d'âge mûr, avec son col aux revers sages, ses yeux clairs et ses cheveux tirés. Il y a bien là quelque chose d'intéressant, d'intentionnel, et l'intention n'est pas celle des « sujets ».

5. Robert Mapplethorpe aura toujours été au centre d'un étonnant faisceau d'intentions romantiques des plus traditionnelles. Romantisme de l'apparence non conventionnelle. Romantisme de l'art pour l'art. Désir de défier les limites du possible, d'explorer « l'intéressant » (« J'ai tout simplement pensé qu'un anneau dans le téton était une idée intéressante », déclarait-il à la BBC à propos d'un film de jeunesse, *Robert se fait percer le sein),* romantisme de l'extrême. Romantisme du rejeton catholique de la petite bourgeoisie du Queens (« Ce n'était pas ce que je voulais », dit-il un jour), qui monta à la ville et passa de l'autre côté, se réinventant en Rimbaud des bains-douches.

Que cette souffrance romantique devînt la mode décadente de la plus notoirement bourgeoise des villes du monde moderne en plein déclin était, d'un point de vue historique, on ne peut plus prévisible. Pourtant, l'œuvre de Robert Mapplethorpe est souvent perçue comme un divertissement d'ordre esthétique totalement coupé du contexte historique ou social, et si « neuf » qu'il défie toute tentative d'interprétation. Appliqué à Mapplethorpe, le terme « neuf » s'est mué en idée fixe, à tel point qu'on oublie trop souvent l'origine de sa force qui, dès le début, procéda moins du choc de la nouveauté que du choc de l'ancien, du trouble que suscite la confrontation obstinée à un univers moral immuable. L'œuvre de Mapplethorpe renferme toujours une tension, une lutte même entre l'ombre et la lumière. C'est l'exaltation de l'impuissance, la séduction de la mort, le fantasme de la crucifixion.

C'est avant tout le dangereux exercice qui consiste à vouloir imposer un ordre au chaos, une forme classique à des images inconcevables. *Toutes mes compositions sont ainsi. Très symétriques.* « Je n'aime pas beaucoup le mot "choquant" », déclarait Robert Mapplethorpe à *Art News,* fin 1988, alors qu'il luttait contre la maladie et qu'on lui demandait une fois encore de s'expliquer sur ses célèbres photos d'hommes en cuir. « Je recherche l'inattendu. Je recherche des choses que je n'ai jamais vues. Mais le mot « choquant » me perturbe car rien ne me choque vraiment... J'avais la possibilité de faire ces photos. Je me suis senti obligé de les faire. » Ainsi parlait celui dont l'objet, en dernière analyse, était cette symétrie même selon laquelle il avait pris soin d'ordonner les choses.

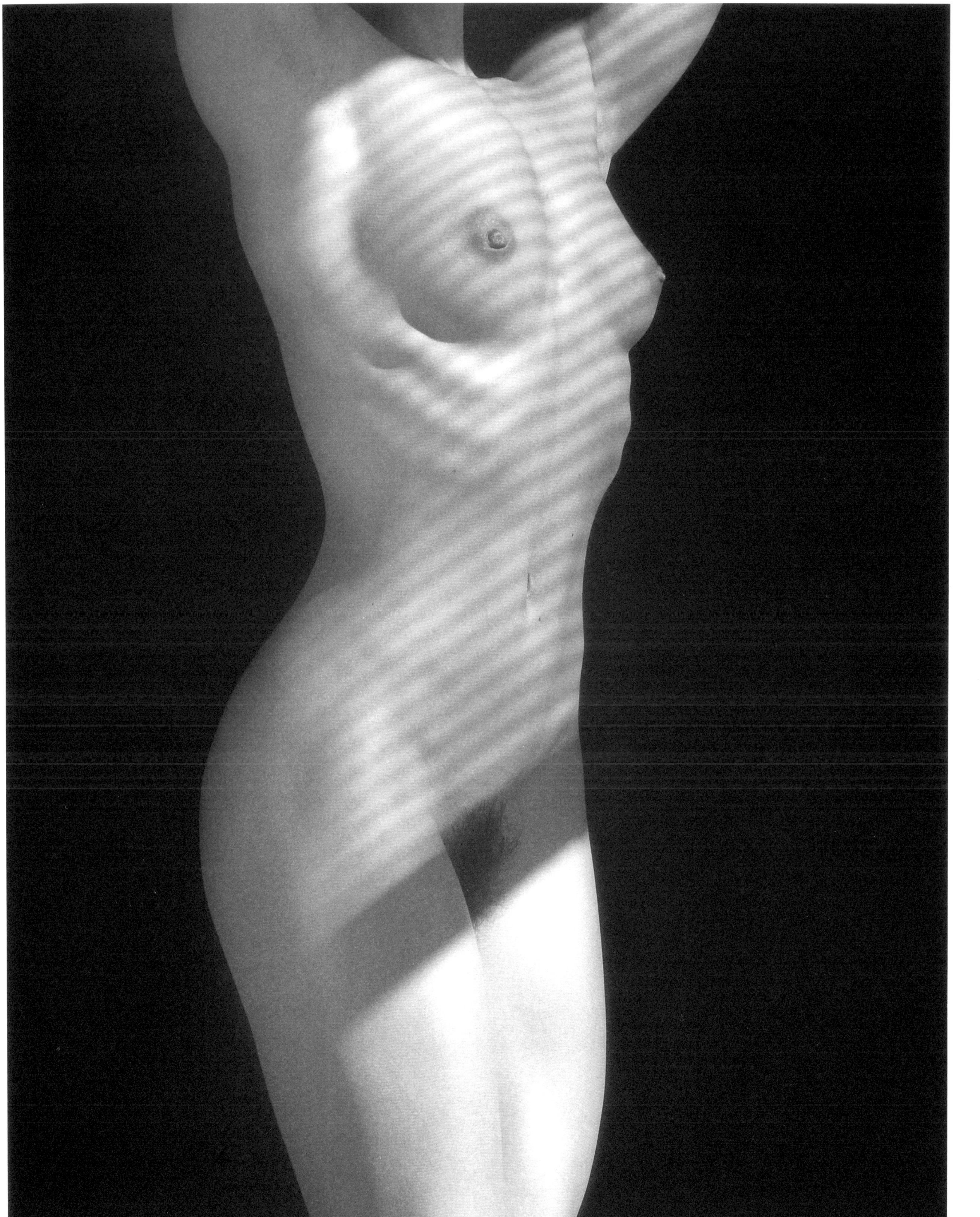

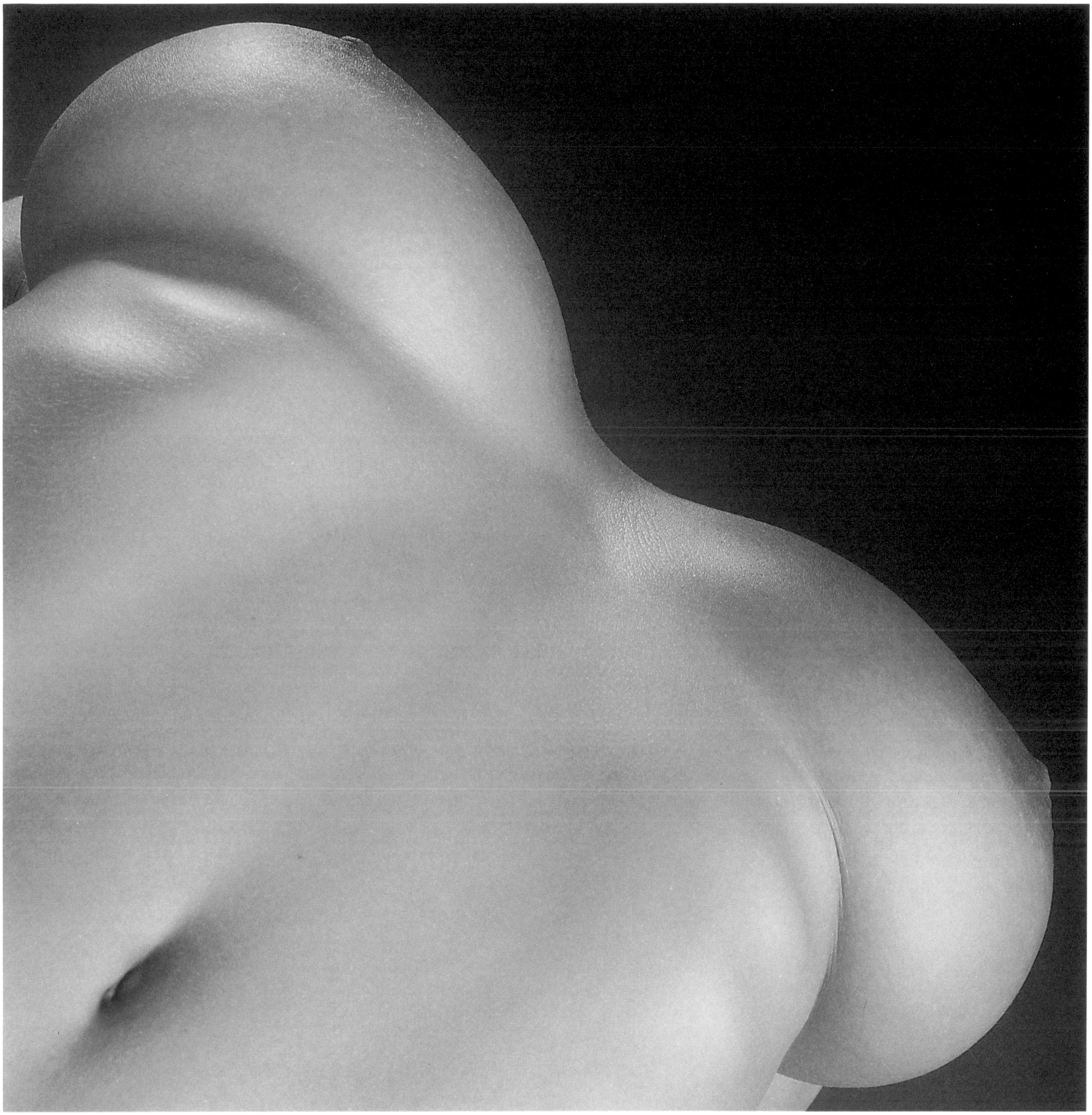

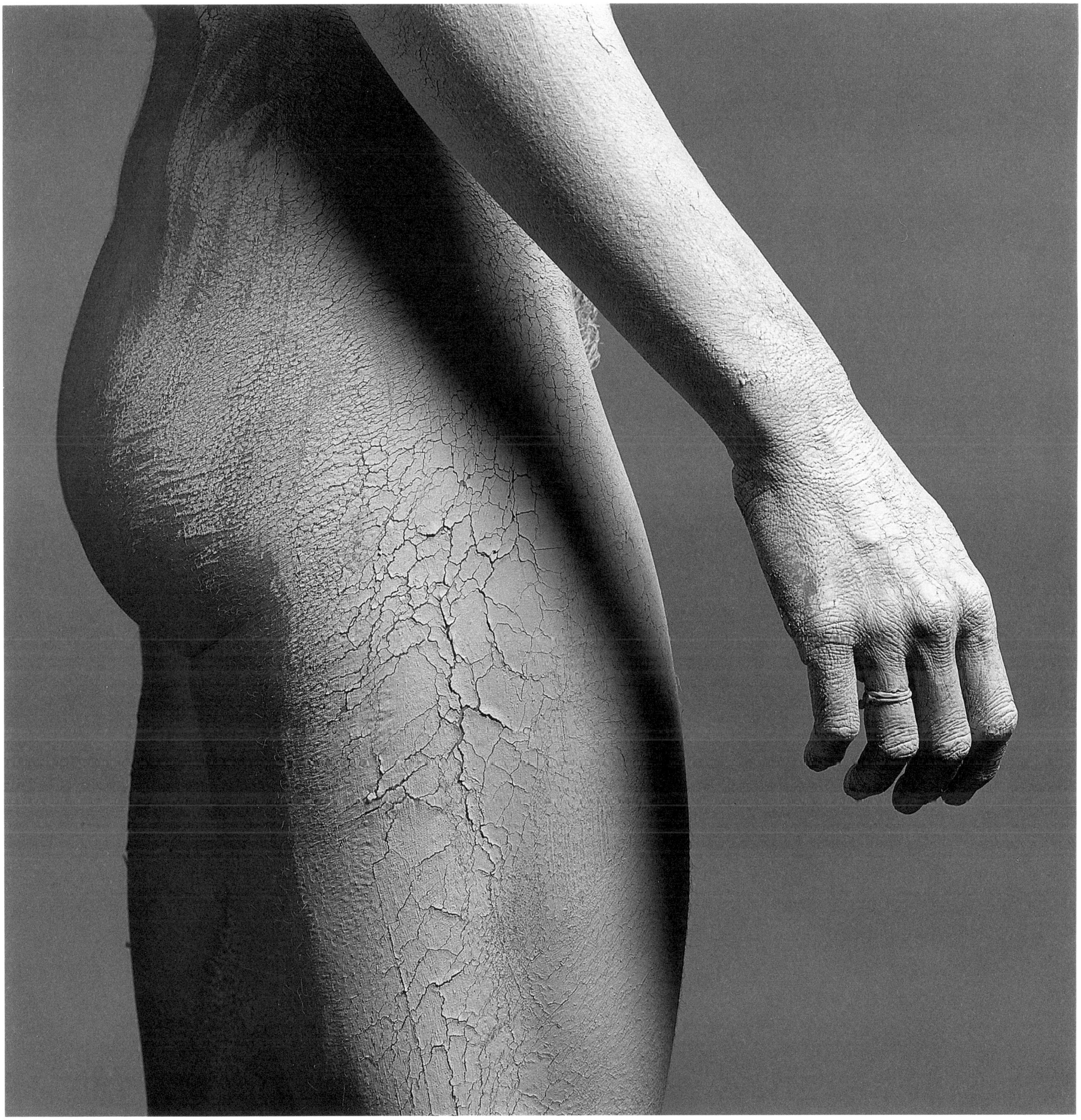

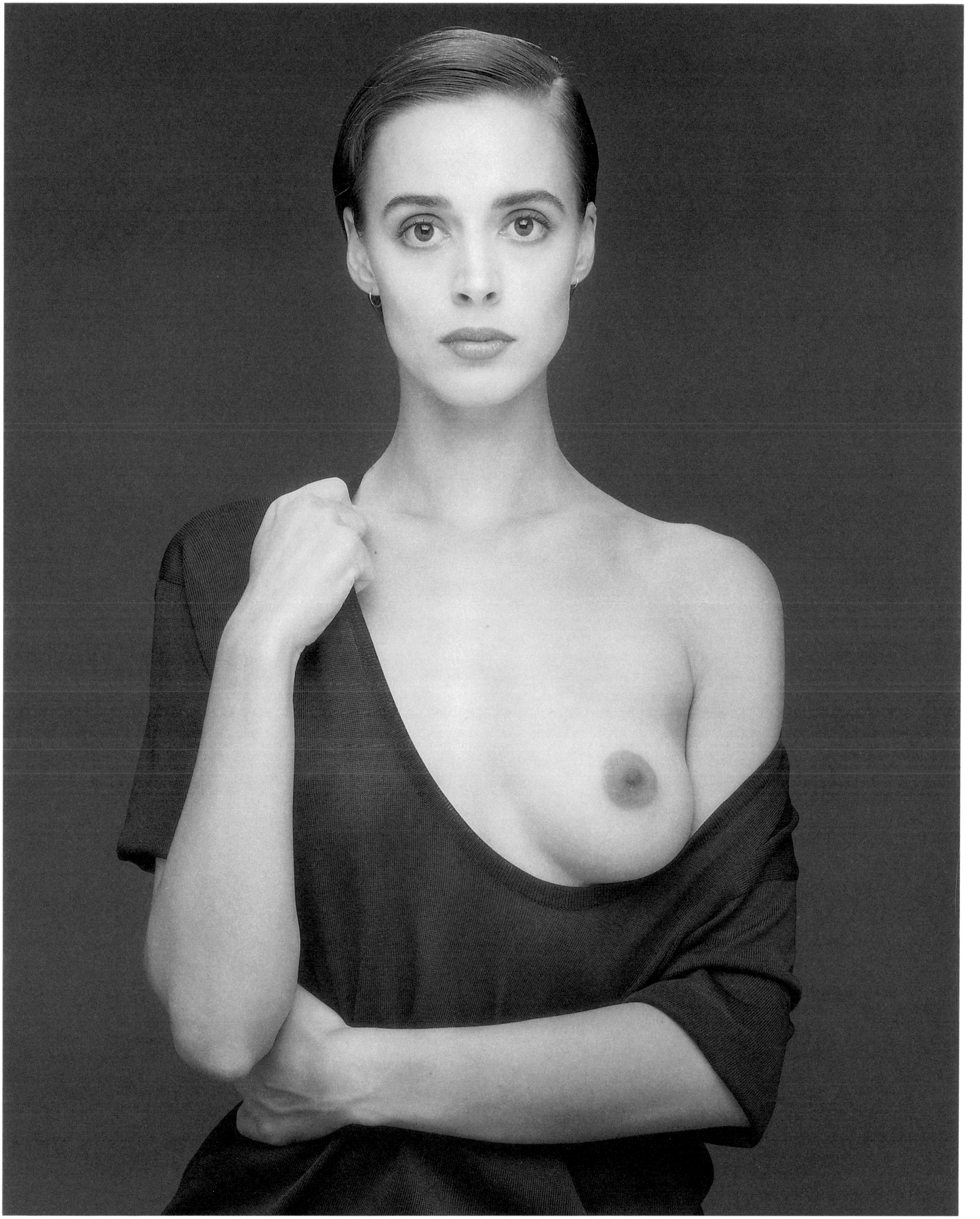

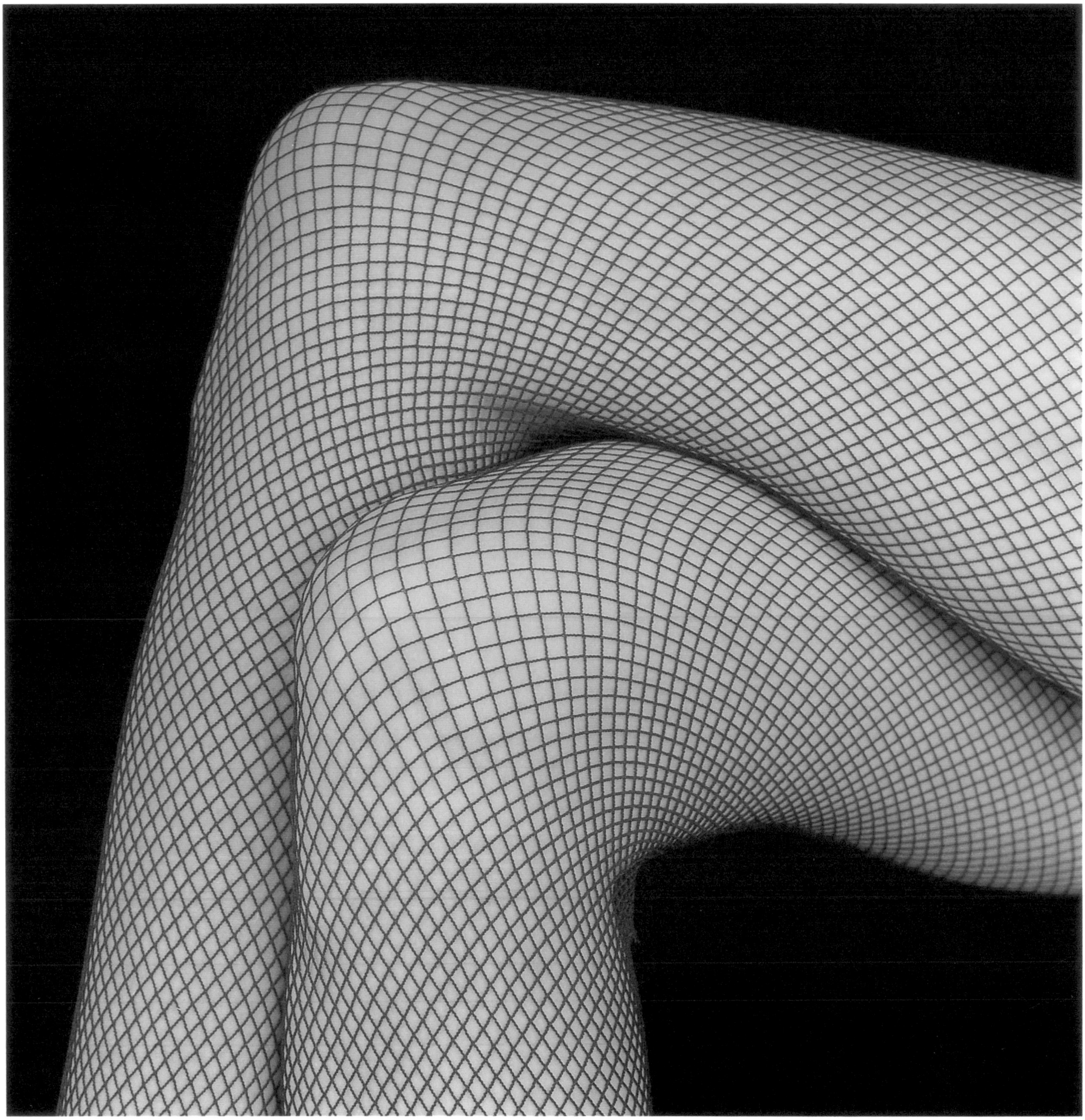

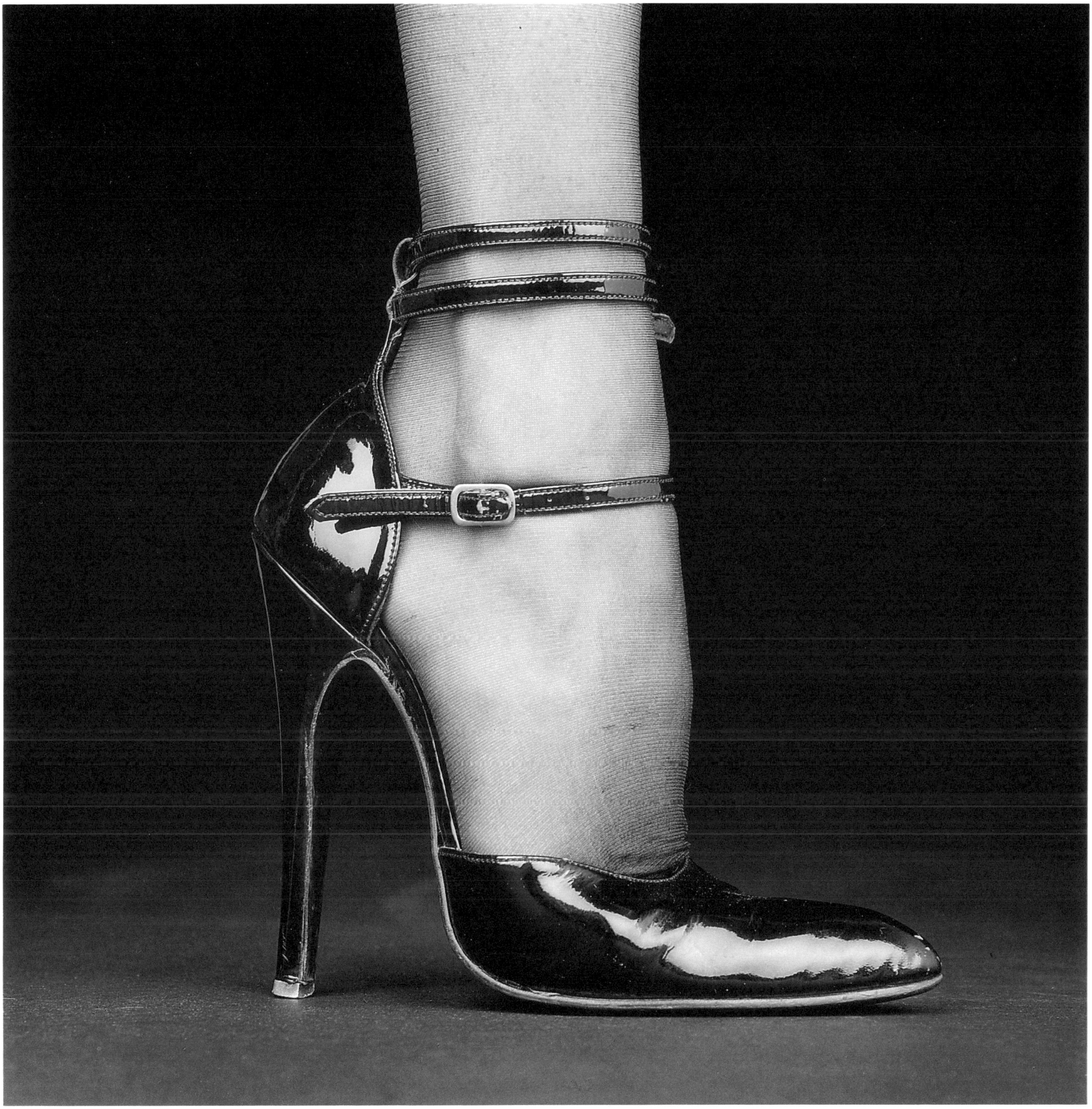

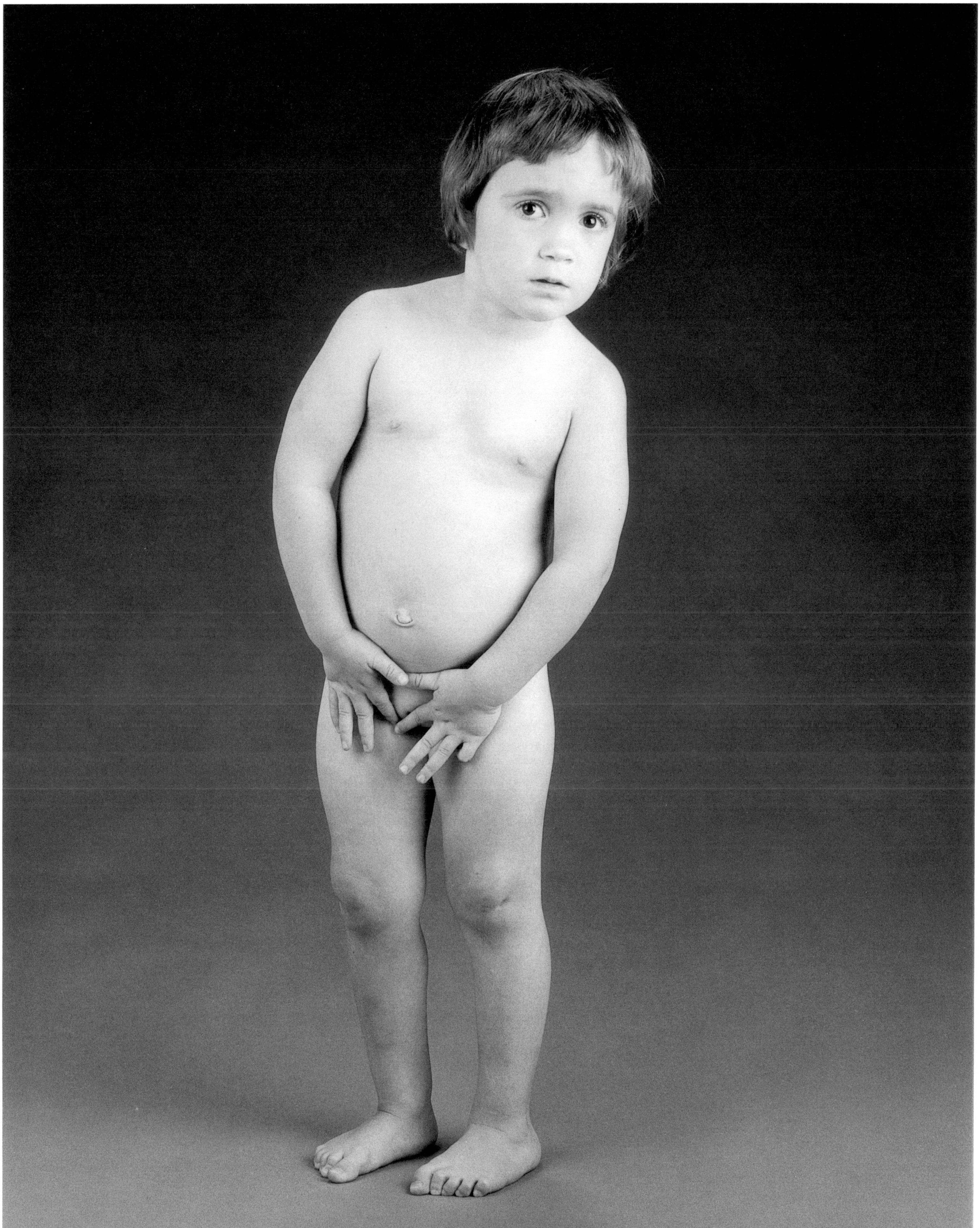

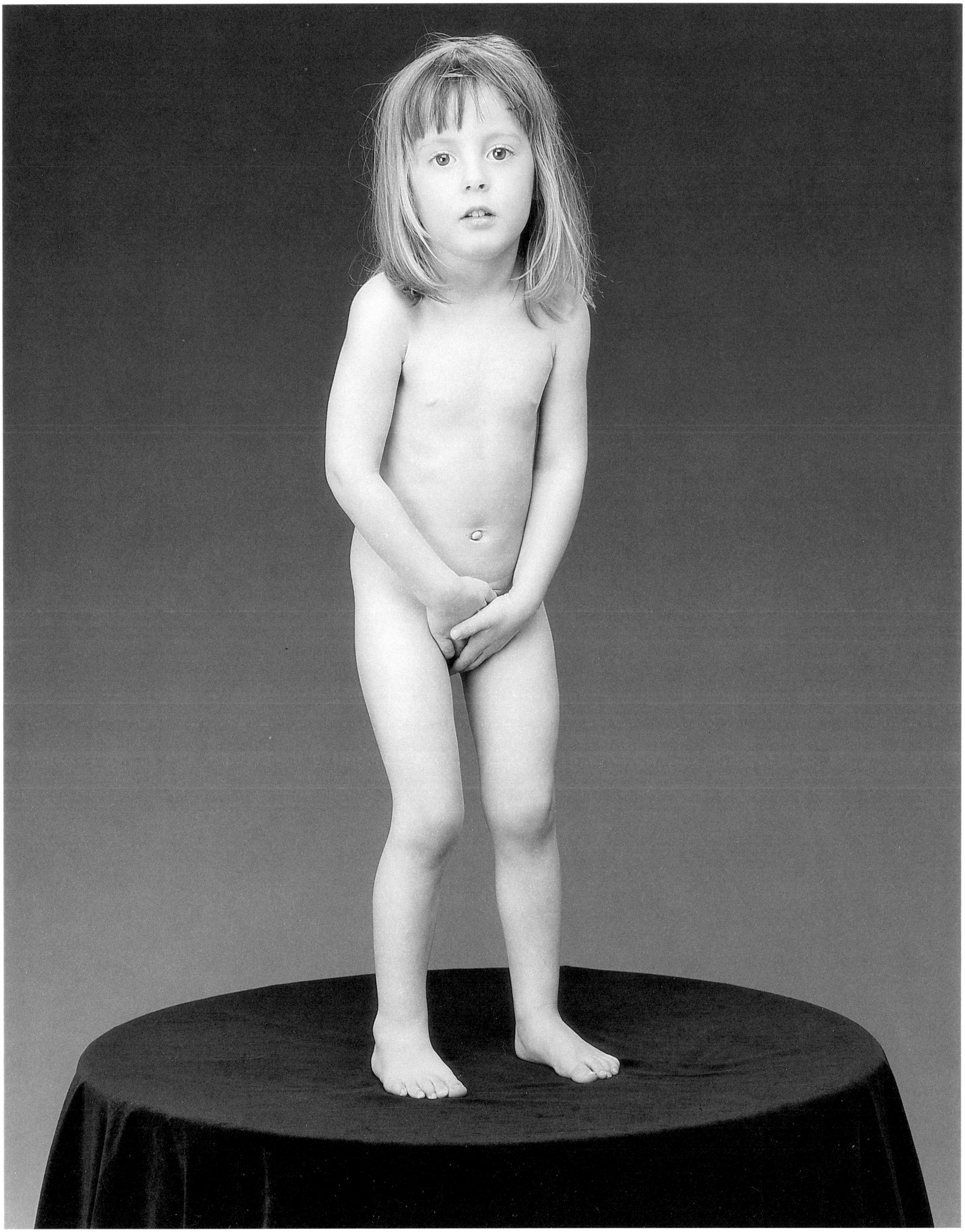

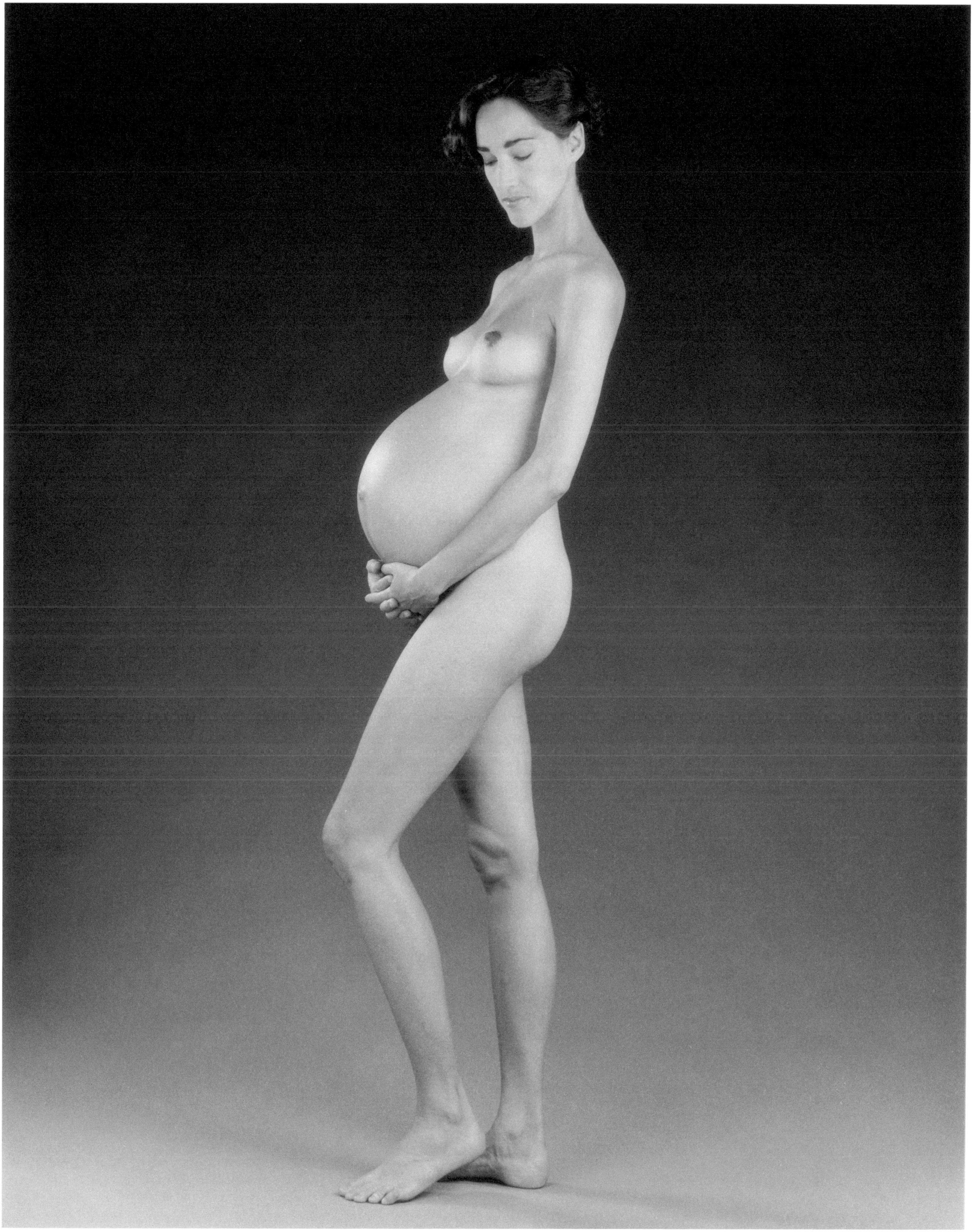

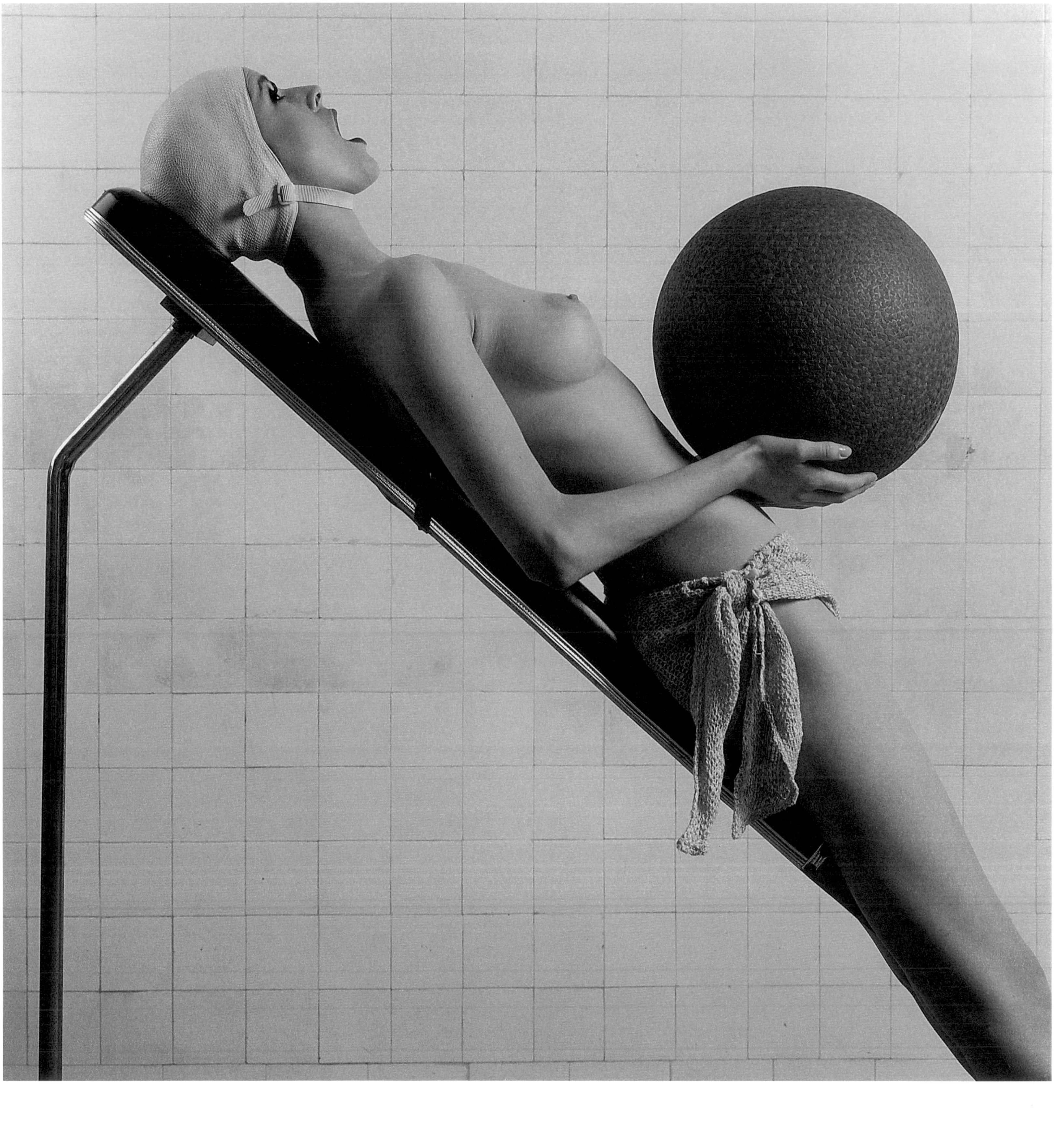

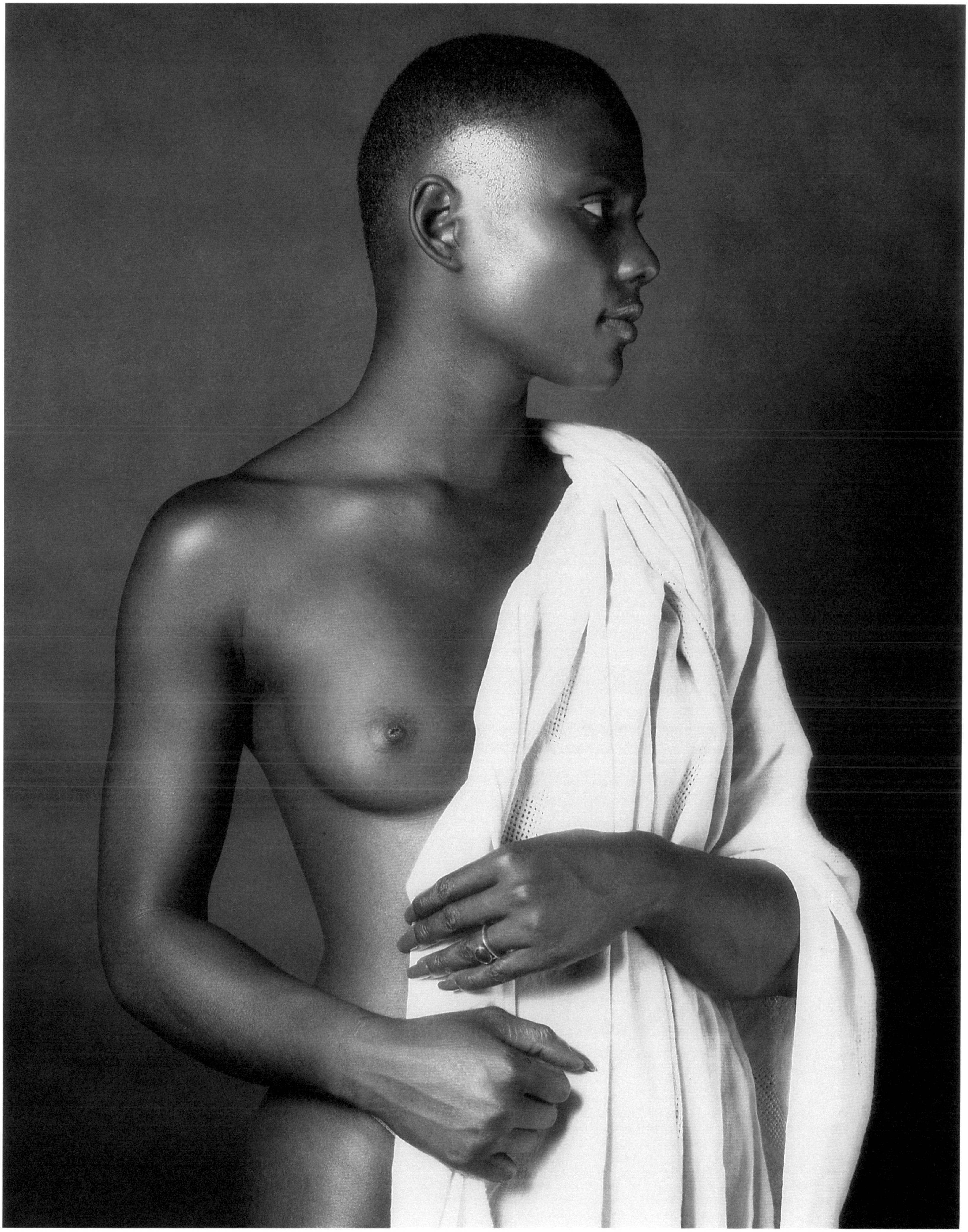

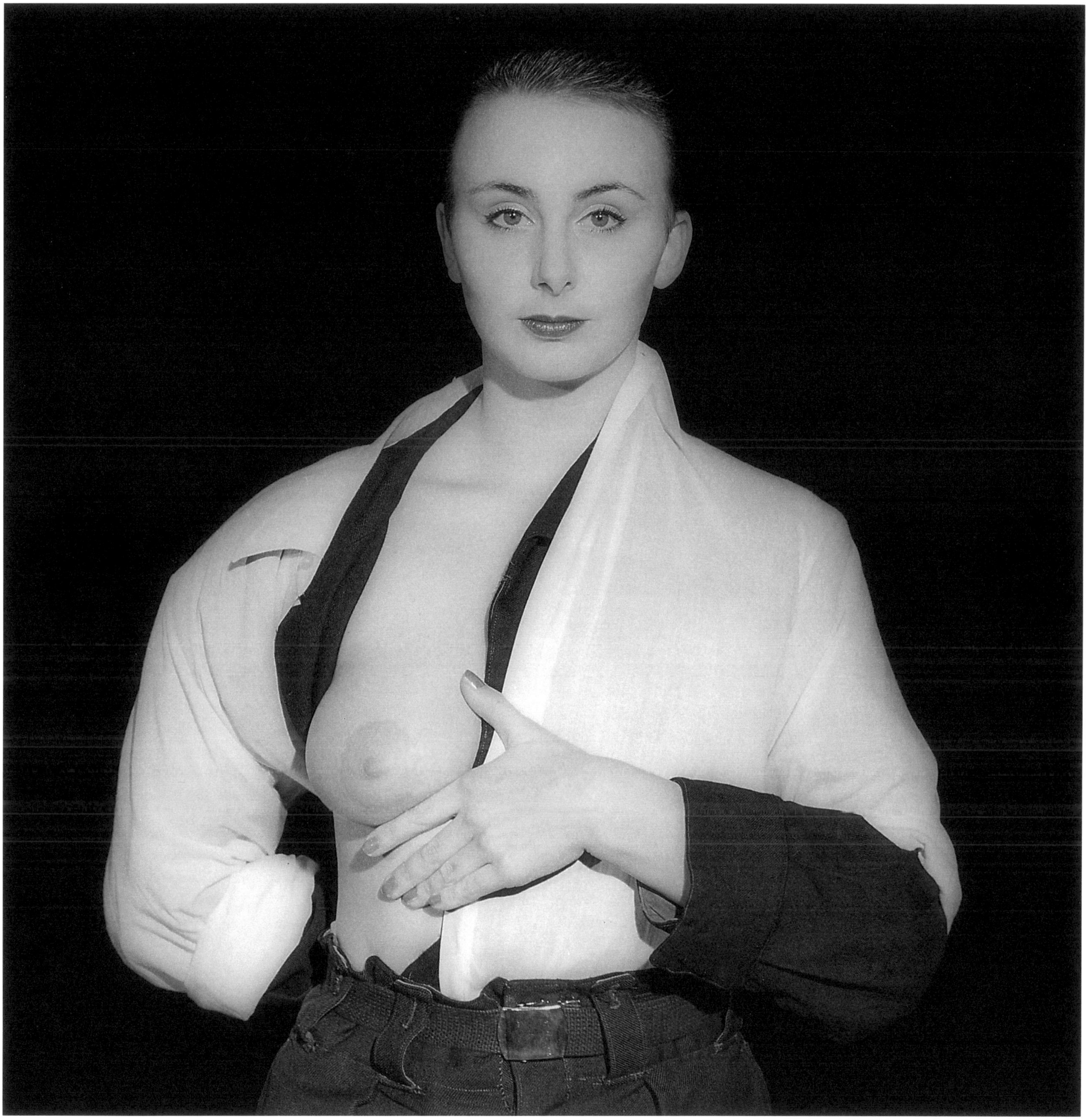

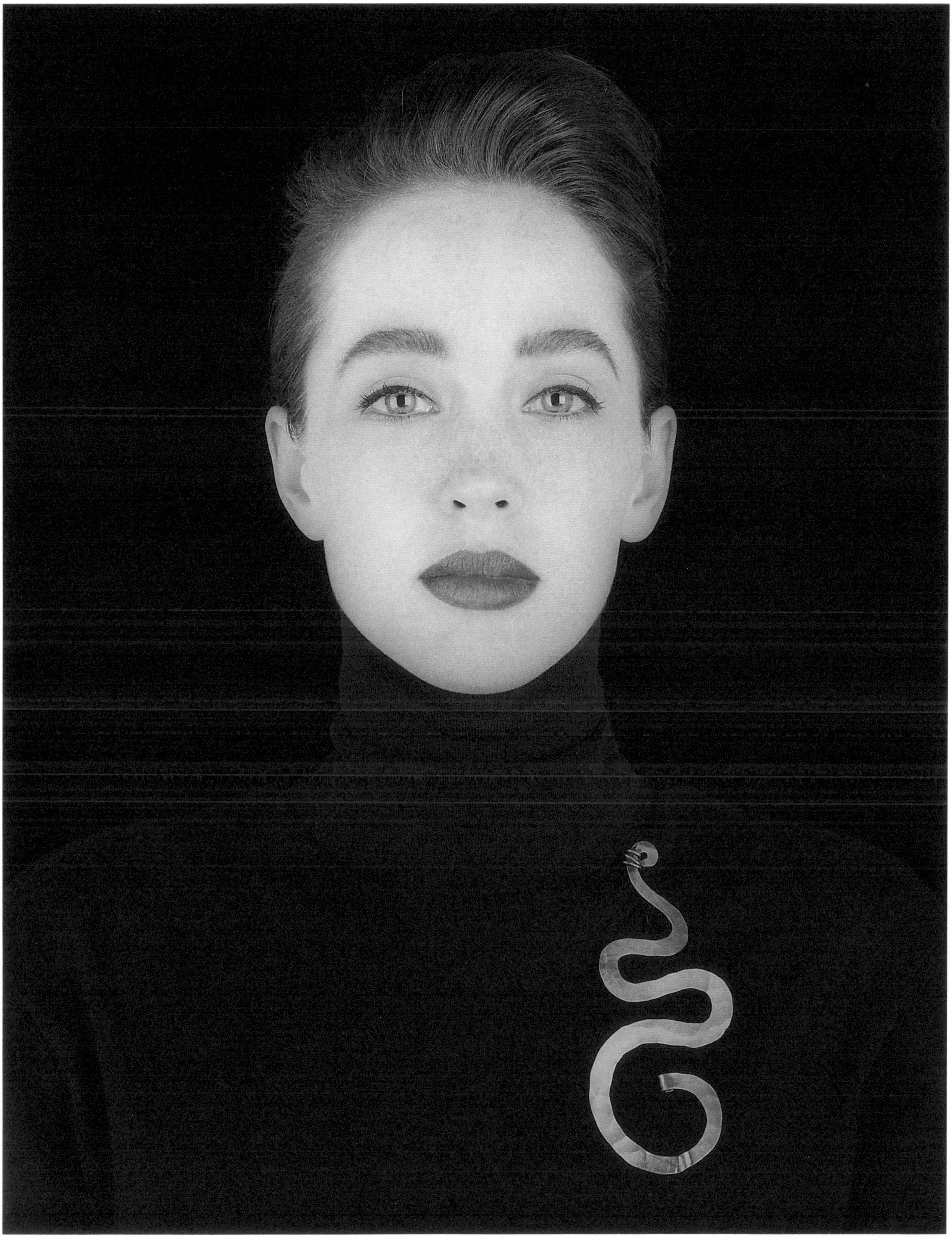

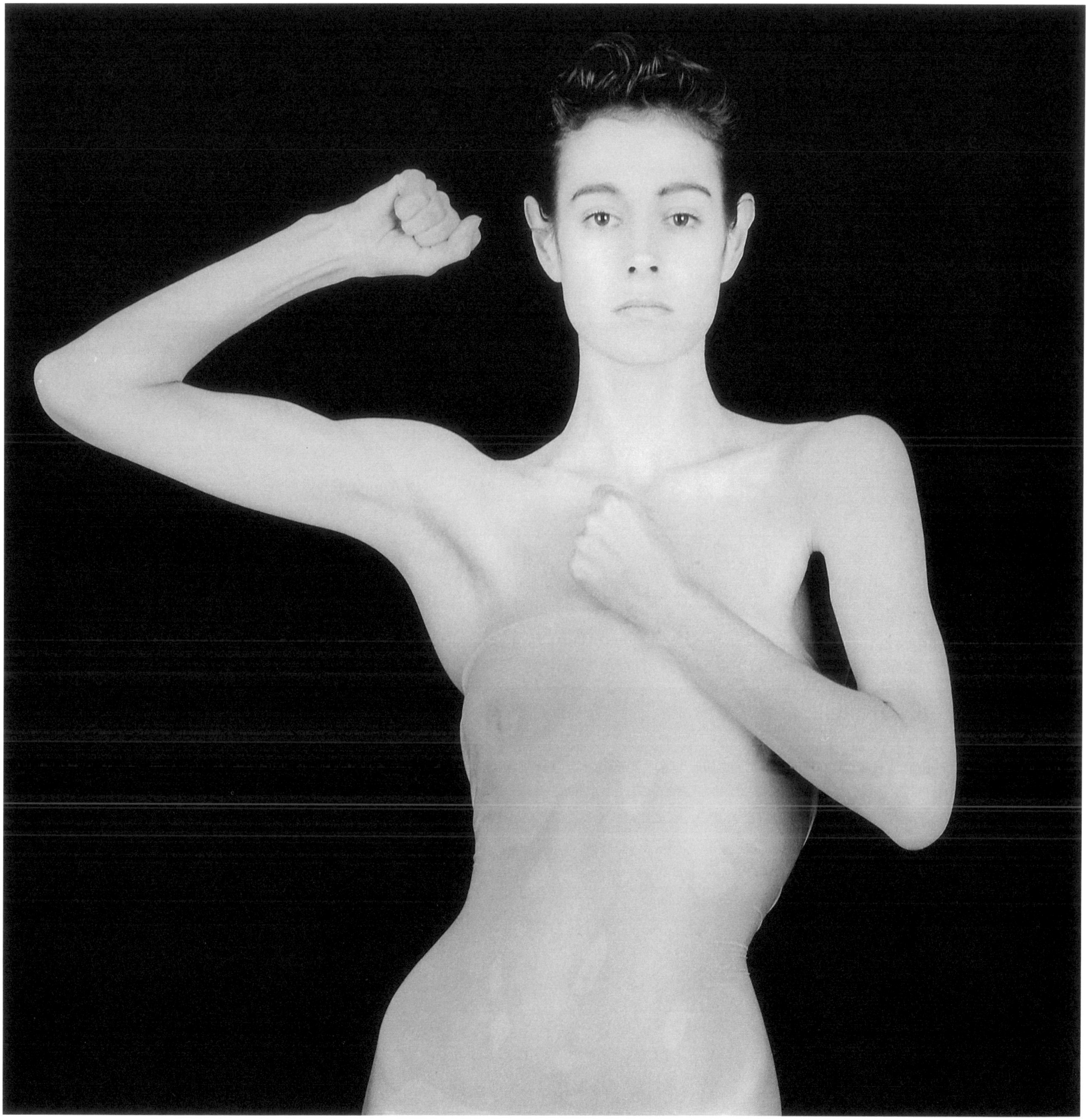

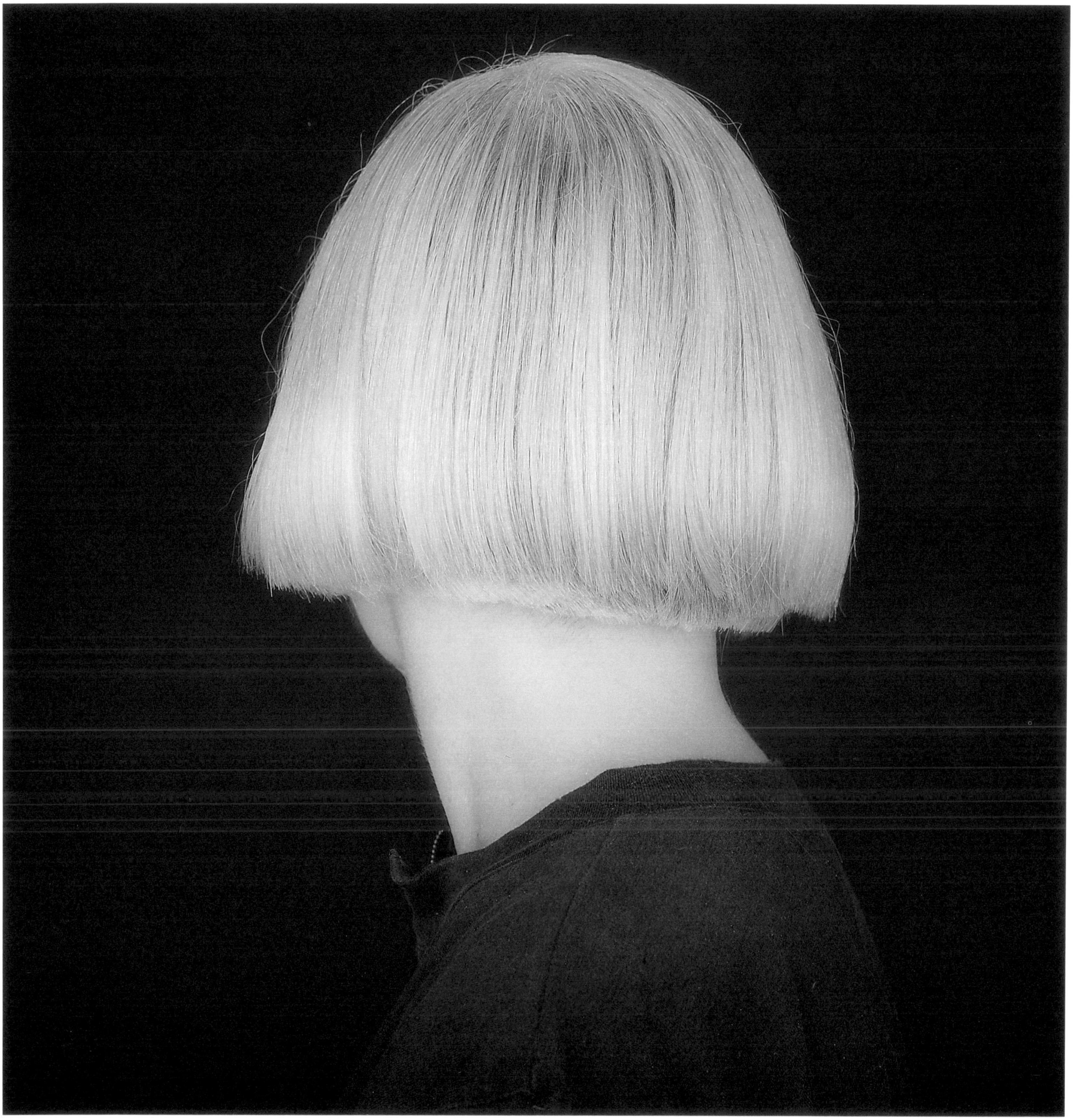

PHTP

PHTP

Planches

Nos remerciements particuliers à Art & Commerce, Tom Baril,
Fern Buckner, Bob Carlson, Suzanne Donaldson, Brian English,
Garcia, Jake, Alexandra Knaust, Dimitri Levas, Didier Malige,
Bonnie Miller, Edward Maxey, la galerie Robert Miller, Mark Namias,
John Sahag pour la coiffure de Brooke Shields, et
Bill Westmoreland.

Sélection iconographique et maquette par Dimitri Levas

Adaptation française de Danièle Laruelle
Avec la collaboration de Philippe Brunet

© 1989, Robert Mapplethorpe, Inc.
Texte © 1989, Joan Didion
Édition française © Éditions Nathan (Paris-France), 1989

Tous droits réservés. Aucune partie de ce livre ne peut être reproduite
sous quelque forme et par quelque procédé que ce soit, électronique ou
mécanique, y compris par stockage de données et système d'accès, sans
l'autorisation écrite de l'éditeur, sauf pour de courtes citations dans la
presse par les critiques autorisés.

N° d'éditeur : E 48 567
ISBN : 2 09 - 240 027 - 4
Imprimé aux États-Unis